CORPS LÉGISLATIF.

CONSEIL DES CINQ-CENTS.

RAPPORT

FAIT

Au nom de la Commission de la classification et de la révision des lois,

PAR EMMANUEL PASTORET,

SUR l'état actuel de la législation pour la répression du vol et du brigandage, et sur quelques erreurs ou quelques omissions de nos lois correctionnelles et pénales.

Séance du 25 Pluviôse, l'an V.

REPRÉSENTANS DU PEUPLE,

Quand on entend de toutes parts dénoncer les brigandages dont la France est infestée, le premier

A

sentiment est d'accuser la foiblesse ou l'impuissance des lois. Plusieurs causes diverses peuvent cependant produire des maux semblables ; elles peuvent même, la plupart du moins, être étrangères à la législation criminelle. Lorsque, dans l'espace rapide de quelques années, une violente révolution a traversé un peuple vieilli et corrompu ; lorsqu'elle a fait chanceler, sur leurs bases antiques, les institutions qui donnoient un autre caractère à ses mœurs, les usages qui étoient pour lui comme des lois ; lorsque, déracinant même les habitudes domestiques, elle a fait naître, fermenter, heurter et combattre tous les intérêts, toutes les passions ; lorsqu'il fut dans cette révolution une époque à jamais désastreuse, où furent brisés tous les liens des hommes entr'eux, tous leurs rapports avec l'Être suprême ; où le concubinage et l'athéisme furent honorés ; où l'innocence et la vertu montoient sur les échafauds, tandis que par-tout pesoit sur la France asservie un sceptre ensanglanté : Alors, certes, alors, il n'est plus permis de reprocher à la législation seule la multiplicité des crimes et l'inefficacité des peines.

Parcourons cependant (vous nous en avez imposé le devoir) les différentes dispositions du code pénal sur les attentats envers la propriété et sur le châtiment qu'il leur applique. Renfermés dans les bornes de la mission que nous avons reçue, nous laisserons à d'autres le soin de vous indiquer les causes morales qui ont sur les désordres publics une si puissante influence, et les moyens d'en tarir enfin la source empoisonnée.

Dispositions du code pénal sur les attentats envers la propriété.

D'après le code pénal (1),

(1) Deuxième section du titre premier de la deuxième partie, article premier et suivans.

Tout vol commis à force ouverte et par violence envers les personnes, est puni de dix années de fers.

La durée de la peine est prolongée de quatre années, s'il est commis,

Dans un grand chemin,

Dans une rue,

Dans une place publique,

Dans l'intérieur d'une maison.

La peine est de dix-huit années de fers, si le vol, à force ouverte et par violence envers les personnes, a été commis en s'introduisant dans l'intérieur de la maison ou du logement;

A l'aide d'effraction faite, par le coupable lui-même ou par ses complices, aux portes et clôtures;

A l'aide de fausses clés:

En escaladant les murailles, toits, ou autres clôtures extérieures;

Si le coupable est habitant ou commensal de la maison;

S'il y est reçu habituellement pour y faire un travail ou un service salarié;

S'il y étoit admis à titre d'hospitalité.

Le crime a-t-il été commis la nuit?

L'a-t-il été par plusieurs personnes?

Les coupables avoient-ils des armes meurtrières?

Chacune de ces circonstances redouble la peine de quatre années (1).

Le vol commis sans violence envers des personnes, à l'aide d'effraction faite, soit par le voleur, soit par son complice, est puni de huit années de fers; et la durée de la peine s'accroît encore par toutes les circonstances qui peuvent aggraver le crime.

S'il arrive, par exemple, tout-à-la-fois, que le vol soit commis,

(1) *Ibidem*, article IV.

La nuit,

Par plusieurs personnes,

Avec armes,

Avec une effraction aux portes et clôtures extérieures,

Dans une maison actuellement habitée, ou servant d'habitation,

La peine sera de dix-huit années (1).

Le code pénal place et punit ensuite (2),

Le vol commis avec effraction intérieure dans une maison par une personne qui l'habite, ou y vient ordinairement travailler,

Le vol commis à l'aide de fausses clés, ect. ect. ect. ect.

Il applique ainsi, successivement, au vol sans violence envers les personnes les caractères déja indiqués et déterminés pour les vols accompagnés de violences.

On y voit que la moindre peine, quand aucune circonstance n'aggrave le crime, est toujours de huit années de fers, et que, par la réunion de ces circonstances, elle peut s'élever jusqu'à vingt-quatre.

La loi fixe ensuite son attention (3) sur les vols faits

Dans un hôtel garni,

Dans un café,

Dans une auberge, ect. ect.

Sur ceux également faits

Dans les salles de spectacle,

Dans les boutiques,

Dans les édifices publics.

Le coupable des premiers subit huit années de fers; le coupable des seconds en subit quatre.

---

(1) Voyez les articles VI et VII du même titre.

(2) Article VIII et suivans.

(3) Article XV du même titre.

Après avoir encore exprimé la punition de plusieurs autres vols (ce sont toujours les fers) (1), le code pénal arrive à ceux qui ne lui paroissent mériter que la détention. Le voleur peut n'être pas condamné à un autre châtiment ; mais il faut (2) qu'il ait en sa faveur toutes les circonstances atténuantes, qu'il les réunisse toutes à-la-fois : si une seule lui manque, les fers l'attendent encore.

La loi exige donc qu'il n'y ait eu

Aucune violence, aucun outrage envers les personnes ;

Aucune effraction, quelque légère qu'elle puisse être :

Elle veut,

Que le vol n'ait pas été commis la nuit ;

Qu'il l'ait été par une seule personne ;

Qu'il l'ait été sans armes ;

Qu'il l'ait été sans fausses clés ;

Qu'il l'ait été sans escalader les murs, les toits, les clôtures extérieures ;

Qu'il ne soit pas l'ouvrage d'un habitant ou d'un commensal de la maison, d'un homme qui y travaille ou qui y reçoit l'hospitalité.

Réflexions sur ces lois.

On voit dans ces développemens qu'en général la proportion de la peine au délit, la graduation des peines entre elles, n'ont pas été mal observées. La loi du 6 octobre 1791 doit être regardée comme une des conceptions honorables de la législation moderne. Nous lui reprocherons bien trop d'indulgence envers quelques

(1) Article XVI et suivans.
(2) Articles XXI et XXII, XXVI et suivans.

crimes; nous lui reprocherons d'en avoir oublié, déplacé, dissimulé quelques autres : mais pour les délits envers les propriétés particulières, elle semble avoir également évité une rigueur excessive et une compassion pusillanime, en conciliant ce que l'ordre public exige avec ce qu'inspire l'humanité.

Daignez en effet reporter vos regards sur les dispositions que nous venons de parcourir. Les circonstances qui environnent un crime commis pour la première fois, en élèvent souvent la peine à 16, à 20, à 24 années de fers. Que pourrions-nous ajouter à un châtiment si long et si pénible ?

Deux seules idées se présentent : la première, de condamner à perpétuité, comme on le faisoit autrefois pour le bannissement et les galères ; la seconde, de punir le vol par la mort, quand des circonstances aggravantes l'accompagnent. Examinons successivement ces deux propositions : nous examinerons ensuite si le mal n'est pas plutôt dans l'obscurité, la contradiction, l'incertitude, l'absence de quelques autres lois ; nous vous présenterons enfin divers arrêtés, divers messages, divers projets de résolution, qui du moins pourront commencer et préparer le bien que vous avez le desir et le devoir de faire.

De la perpétuité des peines.

Une grande pensée occupa l'assemblée constituante quand elle proscrivit la perpétuité des peines ; elle compta sur la puissance du repentir. Il est si doux d'espérer que le temps pourra quelquefois ramener à la vertu les hommes qu'égara le crime ! Votre commission n'a pas pu aussi résister encore à cette espérance. Ce n'est pas qu'il ne s'élève des considérations fortes pour la balancer ou la détruire : du moins, la perpétuité pourroit-elle s'appliquer à la récidive du crime. Il n'est que trop constant alors que le châtiment n'a pas corrigé le coupable : et ne nous y trompons pas, représentans du peuple, le remord n'est quelquefois qu'un hommage involontaire que le méchant rend à la vertu.

De l'accroissement des peines actuelles et du rétablissement de quelques peines anciennes.

Voterons-nous pour l'accroissement des peines ?

Ici, les réflexions et les souvenirs se présentent en foule : mais c'est ici sur-tout qu'il faut craindre d'attribuer exclusivement à la législation des vices essentiellement liés aux effets de la révolution et à l'état actuel des mœurs publiques ; c'est ici sur-tout qu'il faut se garantir d'un penchant à la sévérité, que pourroient éprouver des hommes, vertueux, mais trompés sur les causes du mal et sur la puissance de le réparer. Je ne veux pas vous dire jusqu'à quel point une indignation naturelle a entraîné de bons citoyens qui, au lieu d'embrasser le systême pénal sous toutes ses faces réunies, considéroient isolément tel ou tel suplice, tel ou tel crime, et détruisoient ainsi toute graduation entre les délits, toute proportion entre les peines. Les uns ont regretté les anciens châtimens ; ils demandent qu'on rétablisse non-seulement la marque aux épaules, mais cette marque au front, à la joue, au visage, connue autrefois parmi nous, et supprimée d'après les effets mêmes, par les commandemens d'une expérience funeste ; les autres veulent qu'on arrache le nez du criminel, que ses oreilles soient coupées : il en est qui regrettent la Question ordinaire et extraordinaire (1).

(1) Dans un projet envoyé à la commission, on est allé jusqu'à demander, par respect pour les mœurs, qu'on rendit eunuque publiquement celui qui auroit violé une femme.

Au point où nous sommes parvenus, de quelques pas rétrogrades que nous menace l'impulsion violente et désordonnée, long-temps communiquée à des principes dont l'exagération même détruit la vérité, je ne crois pas cependant avoir encore besoin de redire combien la Question présente une inutile barbarie. La marque ou la mutilation offrent aussi des inconvéniens graves, quand leur empreinte est toujours présente, toujours ineffaçable. Leur suppression, je l'ai dit, fut l'ouvrage de l'expérience, et non de cette philosophie théorique qui, toujours occupée du bonheur des hommes, s'abusa quelquefois sur les moyens de le produire. Le coupable ainsi désigné à la publique exécration n'avoit plus, quand le terme de son supplice étoit expiré, il n'avoit plus à choisir que des crimes nouveaux.

Les mêmes reproches ne peuvent s'adresser, avec la même force du moins, à la marque, telle que nous l'avons long-temps adoptée. Votre commission hésiteroit cependant à la rétablir ; elle y voit un châtiment dont la trace est perpétuelle, qui se prolonge par conséquent au-delà de l'expiation du crime. Elle croit d'ailleurs cette question subordonnée à l'opinion que vous admettrez sur la perpétuité des peines.

De la peine de mort appliquée aux crimes envers la propriété.

Mais en reviendrons-nous à l'usage de punir par la mort le vol accompagné de circonstances aggravantes ? Une grande question, celle des peines capitales, se représenteroit ici, et peut-être est-il difficile de résister à une discussion si importante. Cependant, elle fut déja plusieurs fois agitée dans cette enceinte : et si elle doit l'être encore, n'est-ce pas au moment où s'ouvrira sur le nouveau code pénal une délibération universelle ? Pourquoi changer, avant cette époque, le principe qu'il a consacré, de ne punir par la perte de la vie que l'assassin ou le brigand qui tente de le devenir? Hélas! on n'a fait qu'un trop fréquent usage de cette peine terrible. Nous accusions de barbarie les anciennes lois de la France; et moi-même j'ai calculé avec effroi, dans un ouvrage publié il y a sept années, que la mort étoit appliquée à plus de cent crimes. Eh bien! le dirai-je? aujourd'hui même, grâce au régime sanglant de la terreur révolutionnaire, aujourd'hui encore, il est près de cent actions que des lois non rapportées caractérisent comme des crimes punissables par la mort.

« C'est une grande absurdité de nos lois de punir le voleur sur le grand chemin, le serviteur qui déroboit quelques effets à son maître, l'homme qui en brisant des clôtures s'introduisoit dans les maisons, de la même peine que l'assassin. La loi elle-même les invitoit au meurtre, puisque le meurtre n'aggravoit pas la punition de leur crime, et pouvoit en étouffer la preuve. »

Ainsi s'exprimoit le rapporteur du code pénal à l'assemblée constituante. Ces principes auroient-ils cessé d'être vrais? seroient-ils devenus indignes de nos méditations?

Néanmoins si les circonstances du vol sont telles qu'un attentat à la vie se joigne à l'attentat envers la propriété, il rentre dans la classe des délits envers les personnes, et peut mériter le supplice auquel l'assassinat est condamné. Un projet de résolution, fondé sur cette base, va vous être présenté au nom d'une commission spéciale; je ne veux pas prévenir par mes réflexions les développemens et les motifs que le rapporteur doit vous soumettre.

De l'arrestation et de la garde des prévenus, de leur évasion et de celle des condamnés.

Mais une loi pénale, quelque sévère qu'elle puisse

être, sera toujours sans force, si la compression n'est d'abord placée dans une vigilance active et courageuse. Dans quelques lieux, la mauvaise composition de la gendarmerie; dans d'autres, sa désorganisation absolue, lui ôtoient ou la volonté ou la puissance de surveiller et d'arrêter le crime. Des mesures salutaires viennent d'être consacrées par une résolution discutée en ce moment au conseil des anciens: c'est un pas vers l'ordre public. Il faudra, néanmoins, prévenir la négligence, l'infidélité, la corruption des hommes à qui la société confie la surveillance ou la poursuite du méchant ou de l'individu soupçonné de l'être. Combien sont dangereuses les fautes que commettent, dans l'exercice de leurs fonctions, les préposés à la garde des prévenus ou des condamnés, et les citoyens chargés de conduire devant les tribunaux ou d'amener devant la justice ceux qu'elle arrête et ceux qu'elle accuse! Une loi sur l'évasion des détenus est donc indispensable: deux commissions spéciales sont chargées de la présenter; Siméon va être leur organe.

De la loi sur la police des Communes de la République.

Nous vous devons aussi quelques observations relatives à la loi du 10 vendémiaire an 4.

Vous vous rappelez qu'elle a pour objet la police intérieure des communes de la République.

Par la loi du 10 vendémiaire, tous les habitans d'une commune sont garans civilement des attentats commis sur son territoire, soit envers les personnes, soit envers les propriétés.

Mais cette garantie ordonnée par le titre premier exigeoit des formalités préliminaires qui étoient autant de moyens de l'assurer. Le titre 2 veut, par exemple, qu'on dresse dans chaque commune un tableau contenant le nom, l'âge, la profession de tous ses habitans, l'époque où ils y sont venus, le lieu qu'ils habitoient auparavant; elle détermine ensuite le mode d'exécution, et prononce ou fixe la responsabilité : cette loi si importante a-t-elle été exécutée ? Les modèles de ces tableaux ont-ils été envoyés par les administrations départementales ? les tableaux ont-ils été faits et renvoyés par les administrateurs municipaux ? le Directoire exécutif peut seul vous l'apprendre; nous vous proposerons de lui adresser un message pour connoître quelle a été l'exécution d'une loi qui renferme des dispositions si utiles.

Dès ce moment, néanmoins, je crois devoir vous inviter à remplir une lacune législative qu'offre la loi du 10 vendémiaire, rapprochée de celle sur la police correctionnelle et du code des délits et des peines.

La loi du 10 vendémiaire (1) dit :

« Tout individu voyageant, et trouvé hors de son canton sans passe-port, sera mis sur-le champ en état d'arrestation, et détenu jusqu'à ce qu'il ait justifié d'être inscrit sur le tableau de la commune de son domicile. »

Elle ajoute (2) :

« A défaut de justifier dans deux décades son inscription sur le tableau d'une commune, il sera réputé vagabond et sans aveu, et traduit, comme tel, devant les tribunaux compétens. »

Voici à présent la disposition de la loi du 3 brumaire an 4 sur les délits et les peines (3).

« Sont punis des peines de simple police,

» Les auteurs de rixes, attroupemens injurieux ou nocturnes, voies de fait et violences légères, pourvu qu'ils n'aient blessé ni frappé personne, et qu'ils ne

---

(1) Titre III, article VI.
(2) Article VII.
(3) Liv. III, titre premier, art. DCV.

soient pas notés, d'après les dispositions de la loi du 19 (22) juillet 1791, comme gens sans aveu, suspects ou mal intentionnés, auxquels cas, ils ne peuvent être jugés que par le tribunal correctionnel. »

La loi du 22 juillet 1791 s'exprime ainsi :

« Ceux qui étant en état de travailler n'auront ni moyens de subsistance, ni métier, ni répondans, seront inscrits avec la note de gens sans aveu.

« Ceux qui refuseront toute déclaration, seront inscrits sous leurs signalement et demeure, avec la note de gens suspects.

« Ceux qui seront convaincus d'avoir fait de fausses déclarations, seront inscrits avec la note de gens mal intentionnés.

« Ceux des trois classes qui viennent d'être énoncées, s'ils prennent part à une rixe, à un attroupement séditieux, à un acte de voie de fait ou de violence, seront soumis, dès la première fois, aux peines de la police correctionnelle. »

Articles III et IV du titre premier; et titre II, article XXVIII.

« Les personnes comprises dans les trois classes mentionnées en l'article III du titre premier, qui seront surprises dans une rixe, attroupement, ou un acte quelconque de simple violence, seront punies par un emprisonnement qui ne pourra excéder trois mois; en cas de récidive, la détention sera d'une année. »

Ainsi :

La loi du 10 vendémiaire déclare vagabond et sans aveu *tout individu voyageant et trouvé hors de son canton sans passe-port*, qui ne justifie pas, dans deux décades, de son inscription sur le tableau d'une commune;

La loi du 3 brumaire renvoie au tribunal correctionnel les gens sans aveu, *auteurs de rixes, attroupemens injurieux ou nocturnes, voies de fait et violences légères*;

La loi du 22 juillet 1791 caractérise les gens sans aveu et prononce une peine; mais elle ne les renvoie à la police correctionnelle, elle ne les place par conséquent sous la surveillance et le jugement des tribunaux, que lorsqu'ils prennent part à des voies de fait, à des rixes, à des attroupemens;

Le cas prévu par la loi du 10 vendémiaire n'est donc soumis à aucune peine: d'une part, celle du 3 brumaire lui est inapplicable; de l'autre il présente un caractère de vagabondage que la loi du 22 juillet n'a pas offert et déterminé. Suppléons-y, en faisant punir par l'emprisonnement cette nouvelle espèce d'hommes sans aveu, et en les soumettant à la police correctionnelle.

Changemens proposés à la loi du 22 juillet 1791, relative à l'organisation de la police municipale et de la police correctionnelle.

La loi du 22 juillet 1791 donne lieu à plusieurs autres observations.

Les actions qu'elle doit punir par voie de police correctionnelle, sont:

Les délits contre les bonnes mœurs;

Les troubles apportés publiquement à l'exercice d'un culte religieux quelconque;

Les insultes et les violences graves envers les personnes;

Les troubles apportés à l'ordre social et à la tranquillité publique par la mendicité, par les tumultes, par les attroupemens ou par d'autres délits;

Les atteintes portées à la propriété des citoyens par

dégats, larcins, ou simples vols, escroqueries, ouvertures de maisons de jeux où le public est admis.

Les caractères, la poursuite et les peines de quelques-uns de ces délits, ont été modifiés ou changés par des lois postérieures; quelques-autres appartiennent à l'examen des commissions spéciales dont je parlerai bientôt; quelques-autres enfin appellent des réformes si légères, qu'on peut, sans inconvénient, attendre le moment où vous délibérerez sur la révision du code pénal tout entier.

Insultes et violences graves envers les personnes; escroqueries et autres larcins.

Mais il est dans cette loi quelques dispositions qui cessent d'être justes à force d'être indulgentes, et qui, par cet excès même, rendent votre décision plus nécessaire et plus pressante. La police correctionnelle peut juger, par exemple, des citoyens qui, hors les cas de légitime défense et sans excuse suffisante, en ont blessé ou même frappé d'autres; et ils ne sont alors punissables que par une amende, ou, tout au plus, par quelques mois d'emprisonnement ordinaire, qui n'a aucun caractère d'infamie légale. Elle est chargée pareillement de juger et de punir les larcins, les filouteries, le dol même par lequel, à l'aide de faux noms, de fausses entreprises, d'un crédit imaginaire, d'espérances et de craintes chimériques, on auroit abusé de la crédulité de quelques personnes, et escroqué une partie ou la totalité de leur fortune. Voilà donc des violences graves soumises à des peines légères. Voilà donc que le vol, fait avec plus d'adresse ou plus d'hypocrisie, est protégé, pour ainsi dire, par la clémence des lois. Aucun, cependant, ne suppose une habitude plus invétérée, plus d'endurcissement à l'oisiveté, une préméditation plus forte; aucun n'a plus les caractères de la volonté, aucun n'a moins ceux du besoin et de l'indigence. Le vol même à l'aide de faux noms, de fausses entreprises, d'un crédit imaginaire; le dol par lequel on ravit une partie ou la totalité de la fortune d'autrui, est un de ces délits qui se composent de plusieurs autres : et comment pourroit-il n'être justiciable que d'un tribunal civil ou de la police correctionnelle, quand la falsification, l'incendie, l'anéantissement d'un titre quelconque de propriété, d'un billet, d'une obligation, d'une quittance, sont punis de quatre années de fers (1) !

Modicité des amendes.

La modicité des amendes (2) a produit aussi une sorte d'impunité légale. Je conçois qu'elles doivent être légères pour un délit léger. Il faut cependant poser la borne à une distance salutaire, si on ne veut pas la voir franchir chaque jour par l'imprudence ou par l'audace.

Des lois à faire sur la police générale de la République, sur la police particulière de Paris, sur les maisons de jeux et sur la mendicité.

Une réforme n'est pas moins nécessaire à l'égard des peines infligées aux délits contre les bonnes moeurs, à ceux qui troublent l'ordre social et la tranquillité publique. Mais nous n'avons pas oublié que trois com-

(1) Code pénal, deuxième partie, titre II, deuxième section, art. XXXVII et suivans.

(2) On sait que d'après le code du 3 brumaire sur les délits et les peines (liv. III, tit. I, art. DC.), qui ne fait en cela que répéter et confirmer ce que les lois plus anciennes avoient voulu, la police ordinaire ne peut prononcer d'amende au-dessus de trois journées de travail, ni d'emprisonnement au-dessus de trois jours.

missions spéciales sont chargées de vous présenter le fruit de leurs méditations : l'une, sur la police intérieure et générale de la République ; l'autre, sur la police particulière de la commune que nous habitons ; la troisième, dont vous avez déja entendu le rapport, sur ces maisons de jeux, repaires de tous les vices, et par là même berceaux de tous les crimes. Nous exprimerons seulement le desir de voir les deux premières accélérer leurs utiles travaux.

Il est encore un objet qui, soumis plusieurs fois aux Assemblées législatives, appelle aujourd'hui plus que jamais une décision prompte et vigilante : je parle de la mendicité. Un Français dont il est juste de célébrer dans cette enceinte la touchante philanthropie, Larochefoucauld-Liancourt, doit, à ses efforts pour détruire cet antique fléau des nations corrompues, une partie de la vénération que son nom inspirera toujours à tous les amis de la vertu. Une commission est pareillement chargée de méditer ce sujet ; nous en attendrons le résultat avec l'impatience de l'humanité.

Des maisons de détention et des travaux publics.

Vous n'êtes pas moins impatiens sans doute, représentans du peuple, de porter, sur les prisons même qu'habitent les coupables, des regards de compassion et de justice. Par un message du 27 thermidor, vous aviez demandé que le Directoire exécutif vous fournît, sans délai, des renseignemens sur le nombre auquel s'élèvent dans chaque département les condamnés aux fers, à la détention, à la réclusion, à la gêne. Vous l'avez interrogé sur les lieux convenables pour avoir des maisons de force plus salubres, plus économiques, plus sûres. Six mois sont bientôt écoulés, et votre message est sans réponse encore : nous vous proposerons de lui en adresser un nouveau.

Nous

Nous vous proposerons aussi de le consulter sur les moyens d'exécution d'un article du code pénal (1), dont l'importance est facile à sentir pour l'avantage de la société toute entière, pour la consolation et le soulagement des coupables eux-mêmes ; l'article qui vous laisse le soin de déterminer à quels travaux les condamnés seront soumis. Les travaux publics sont adoptés aujourd'hui par toutes les législations également éloignées des excès d'une sévérité cruelle envers quelques uns, et des abus d'une humanité qui peut devenir plus cruelle envers tous. Le code de Joseph II, celui de Léopold, le code sur-tout des Pensylvains, en fournissent de mémorables exemples. Qui n'a lu avec émotion, dans un ouvrage que nous devons encore au vertueux Liancourt (2), les effets heureux produits à Philadelphie par l'organisation d'un nouveau régime pour les travaux des condamnés ! L'habitude que ces infortunés y prennent d'une occupation pénible et suivie, sert à les garantir de recommencer dans la suite la carrière du crime. Autrefois les mêmes hommes venoient toujours repeupler les prisons, jusqu'à ce qu'enfin l'échafaud terminât leur vie : aujourd'hui, deux à peine sur cent y sont ramenés une seconde fois (3).

(1) Code pénal, première partie, titre premier, article VI.

(2) Des prisons de Philadelphie.

(3) J'aimerois à mettre, sous les yeux du Corps législatif, le tableau tout entier de la diminution des crimes, depuis qu'on a adouci les lois pénales et amélioré le sort des condamnés. Je me bornerai cependant aux délits dont les excès ou la répression sont un des principaux objets de ce rapport. Le tableau, dont je parle, est composé des quatre dernières années du système ancien, et des quatre premières années du système nouveau ; c'est-à-dire, de 1787 à 1791 et de 1791 à 1795.

Voici dans quelle proportion les crimes de ce genre ont été

Combien mon sujet s'agrandiroit ici, s'il m'étoit permis, en ce moment, de l'embrasser tout entier ! L'exemple des Pensylvains me rameneroit à deux questions qui tiennent également à la législation et à la morale. Je descendrois après eux dans le cœur de l'homme ; et enrichi par leur expérience, j'examinerois si les malheureux que le repos public oblige de condamner, ne devroient pas commencer leur supplice par une solitude absolue. Les Pensylvains se servent même de l'isolement comme d'un moyen de police répressive dans l'intérieur des prisons ; aucune peine n'inspire aux détenus une plus grande terreur. Y condamner pendant quelques mois, pendant une année, pendant un espace de temps plus long encore, pourroit être aussi parmi nous une correction puissante envers le cou-

---

commis, pendant les deux espaces de temps que je viens d'indiquer.

Dans les quatre dernières années du systême ancien :

Vols de grand chemin	39.
Bris de maison	77.
Vols ordinaires	374.
Recélés de vols	32.

Dans les quatre premières années du systême nouveau :

Vols de grand chemin	3.
Bris de maison	16.
Vols ordinaires	163.
Récélés de vols	6.

Total pour les quatre dernières années de l'ancien systême . . . . . 594.

Total pour les quatre premières années du systême nouveau . . . . . 243.

Dans les quatre dernières années du systême ancien, il y a eu 115 évasions ;

Dans les quatre premières du systême nouveau, 9.

pable dont les actions mériteroient une répression nouvelle.

La conduite sage et laborieuse du détenu dans la maison de force où il expie son crime suspendra-t-elle la sévérité du châtiment, en diminuera-t-elle la durée ? ce seroit la seconde question. L'affirmative est prononcée en Hollande, en Suède, dans une partie de l'Allemagne, à Philadelphie. Les Pensylvains ont encore voulu que le travail et le repentir pussent rapprocher le terme où expire la captivité, pourvu, cependant que le condamné puisse désormais vivre sans les besoins de l'indigence, et qu'il n'ait pas trempé ses mains dans le sang des hommes.

Aujourd'hui, nous devons nous borner à hâter l'organisation trop retardée des travaux publics. Vous avez depuis si long-temps exprimé l'honorable vœu d'adoucir par une occupation journalière la misère et les remords des condamnés ! J'en appelle au décret du 28 vendémiaire de l'an troisième. Son exécution, jusqu'à présent, fut trop resserrée sans doute : une seule maison dans une seule commune (celle de Saint-Lazare à Paris), voit pénétrer dans ses murs expiateurs le soulagement du travail pour les captifs de la loi. Rendons enfin cette mesure universelle ; la tranquillité publique ne le commande pas moins impérieusement que l'humanité.

Déportation.

Un autre article du code pénal (1) dit qu'un décret particulier déterminera incessamment le lieu où les déportés seront conduits. Cet article est d'abord resté sans exécution. Enfin, le 24 vendémiaire de l'an se-

---

(1) Première partie, titre premier, art. XXX.
(2) Titre IV, article premier.

cond, dans une loi qui a pour objet quelques mesures générales sur l'extinction de la mendicité, la Convention nationale ordonne au Conseil exécutif de lui faire connoître sans délai l'endroit le plus propre à la transportation, et les moyens les plus convenables pour l'établir. Deux décrets dont l'époque annonce assez la barbarie, ceux du 23 avril et du 7 juin 1793, avoient choisi la Guyane française. Le 11 brumaire, toujours de l'an deuxième, une loi détermina la partie du sud-quart sud-est de l'île de Madagascar; elle met les déportés qui y seront conduits sous la surveillance des autorités constituées de l'île de France. Le 27 germinal de la même année, un décret bien digne aussi de ces temps déplorables, que dis-je! un décret presque humain, si vous le comparez à tant de lois homicides, ordonne de transporter encore à la Guyane ceux qui oseront se plaindre d'une révolution qui ne marchoit plus alors qu'entourée d'échafauds et surchargée de crimes. La Guyane fut de nouveau désignée pour les membres de la Convention nationale qu'elle condamna elle-même à la déportation, au mois de de germinal de la troisième année.

Cependant, la guerre, l'état actuel de nos possessions dans les deux mondes, d'autres circonstances inutiles à développer, peuvent rendre la déportation plus ou moins dangereuse, la soumettre à des conditions plus ou moins faciles, plus ou moins pénibles. Le Directoire exécutif doit donc être consulté : ce sera l'objet d'un quatrième message.

Autres mesures proposées.

Je continue à parcourir le code pénal et le code du 3 brumaire.

Refus d'assister au procès-verbal du juge pour constater l'existence d'un délit.

Dès le moment où commence à s'acquérir pour la justice une preuve ou une trace légale de l'action qu'elle doit poursuivre et punir, j'apperçois une omission nécessaire à réparer. Un juge-de-paix est-il instruit qu'on a commis un crime dont l'existence peut être constatée, il se transporte sur les lieux, et y décrit en détail le corps du délit, ses circonstances, tout ce qui sert à conviction ou à décharge. Espère-t-il de quelque individu des renseignemens utiles? il le fait comparoître; il peut même, pendant qu'on rédige le procès-verbal, défendre à qui que ce soit de quitter l'endroit où il opère. La loi menace le violateur de cette défense d'une peine qu'elle n'a pas déterminée, quoiqu'elle eût annoncé devoir le faire. Quelques mois d'emprisonnement paroissent suffire; il seront prononcés par les tribunaux de police correctionnelle.

Garantie des témoins.

Si vous devez punir l'insouciance ou la pusillanimité d'un citoyen qui craint de se montrer le témoin d'une action qu'il faudra ensuite attester à la justice, vous ne devez pas moins le détourner de cette foiblesse par des moyens opposés; je veux dire, en lui offrant une garantie de plus dans l'accroissement de la peine pour le délit que commettroit envers lui l'individu contre lequel il a déposé.

Une pareille garantie est bien-nécessaire; et comme il n'est pas de précautions que la loi ne réunisse justement pour soustraire l'accusé aux erreurs, à la malveillance, à la perversité des témoins, il ne doit pas en être aussi qu'elle n'emploie pour laisser à ces derniers tout ce qui peut les rassurer, tout ce qui peut empêcher que la vérité ne soit retenue dans leur bouche muette. Ce sujet exige des combinaisons difficiles, et une méditation profonde. Nous nous contenterons aujourd'hui de vous présenter une disposition particulière pour les témoins, comme pour les jurés, comme pour les officiers de police judiciaire, dans la résolution sur les insultes et les violences graves envers les personnes.

Prévarications des fonctionnaires publics ; élargissement arbitraire des individus légalement arrêtés.

Une loi sur la garantie des témoins n'est pas la seule qui manque à notre code pénal ; on y cherche en vain la répression de plusieurs autres délits dont l'influence est également terrible.

Le Directoire exécutif vous a dénoncé naguères de lâches et honteuses prévarications commises par des juges : ils outragent donc aussi la loi ceux qu'elle a choisis pour ses ministres et ses organes ! Le code pénal flétrit bien de la dégradation civique (1) tout fonctionnaire, tout citoyen placé sur la liste des jurés convaincus d'avoir, moyennant argent, présent ou promesse, trafiqué de son opinion ou du pouvoir qui lui est confié ; il punit bien de vingt années de gêne (2) tout juré, après le serment prêté, tout juge criminel, tout officier de police en matière criminelle, convaincu pareillement d'avoir vendu son suffrage ; et s'il s'est élevé à cet égard quelques difficultés, c'est à la commission spéciale que vous avez nommée, de

---

(1) Deuxième partie du code pénal, titre premier, cinquième section, article VIII.

(2) *Ibidem*, article IX.

les résoudre. Mais il nous manquera toujours une loi répressive de la mise arbitraire en liberté. Je ne parle point ici du cas où l'élargissement du prévenu seroit l'effet d'une connivence criminelle ; il est trop évident que celui qui l'auroit accordée devroit alors être puni comme complice : mais, en admettant qu'il n'existe aucune complicité, ne restera-t-il pas à sévir contre l'immoralité, la corruption, la complaisance honteuse et pusillanime qui rejettent dans la société l'homme dont crurent devoir s'assurer les magistrats de la loi, qui par là trompent et compromettent la vigilance et la sûreté publiques ? Honneur sans doute et reconnoissance à l'acte constitutionnel, à la législation française, pour avoir inviolablement garanti le citoyen de la vengeance ou de la haine d'un fonctionnaire puissant ; honneur et reconnoissance, pour avoir protégé de toutes leurs forces la liberté individuelle, pour l'avoir consacrée par la déclaration même des droits, pour avoir menacé d'une terrible peine le magistrat imprudent ou corrompu qui oseroit la violer. Mais ne faut-il donc plus que la société trouve également la garantie de tous contre les atteintes d'un seul ou de quelques-uns ?

Lorsque, d'après les formalités prescrites, des hommes soupçonnés d'un délit ont été arrêtés, ils appartiennent à la loi, jusqu'au moment où ses ministres prononcent leur absolution, ordonnent leur liberté. Cependant des fonctionnaires publics étrangers à l'ordre judiciaire se permettent, sous le vain prétexte de la police des prisons, de les ouvrir à ceux qu'une arrestation légale y avoit enfermés. D'un autre côté, le Directoire vous l'annonce, des juges font élargir, sans les interroger même, des brigands qui venoient d'avouer publiquement leur crime. Le dernier de ces traits peut être considéré comme une prévarication ; le châtiment qu'il mérite sera déterminé par la commission spéciale nommée sur le message du Directoire exécutif. Nous essaierons de vous offrir un moyen de répression du premier.

De la police répressive des maisons de justice et de détention.

Indépendamment de la peine nécessaire à infliger au fonctionnaire public, qui, sans en avoir le droit, met en liberté un individu dont l'arrestation a été légale, il faudroit remonter à la source du mal ou du danger; il faudroit examiner si la police des prisons, de celles du moins où sont les hommes qu'a déja frappés un jugement d'accusation, de celles surtout où sont les condamnés, ne doit pas, à beaucoup d'égards, appartenir exclusivement aux tribunaux criminels.

Aujourd'hui, d'après le code des délits et des peines (1), des commissaires du pouvoir exécutif près les administrations centrales veillent à la sûreté des maisons de justice et à leur salubrité. La garde en est confiée à des hommes choisis par les administrateurs du département, sur la présentation des administrateurs municipaux. Un de ces derniers est tenu d'en faire la visite tous les cinq jours au moins (2). Il doit avoir soin que la nourriture des détenus soit suffisante et saine; il doit réparer et punir les torts envers la justice et l'humanité: il peut condamner le geolier à des amendes, et poursuivre sa destitution; il peut faire resserrer plus étroitement, enfermer seul, mettre aux fers le prisonnier qui s'abandonne à des menaces, à des injures, à des violences plus ou moins graves (3).

(1) Titre XVIII, article DLXXI et DLXXII.

(2) Article DLXXVII, même titre.

(3) Articles DLXXVIII et DLXXIX.

C'est, comme vous le voyez, une police universelle.

Le président du tribunal criminel a la seule faculté de donner les ordres nécessaires pour l'instruction et le jugement. Ne seroit-ce pas à lui néanmoins, au tribunal qu'il préside, qu'appartiendroit naturellement la police répressive des maisons de justice? Ne faudroit-il pas sur-tout que, sous aucun prétexte, même sous le prétexte de maladie, on ne pût accorder l'élargissement ou le transport d'un détenu, même dans un hospice public, sans l'autorisation et le consentement donnés par écrit et signés du commissaire exécutif, de l'accusateur public, et du président du tribunal criminel?

Une partie de cette question est, je l'avoue, du ressort de la commission nommée sur les prisons; nous avons cru cependant remplir vos vœux, sans excéder les bornes de la mission que vous nous avez donnée, en préparant quelques résolutions qui tiennent bien moins à la police administrative des maisons de force ou de justice, qu'à la répression des délits dont elles sont ou l'objet ou le séjour. Je vous en présenterai trois principales: l'une, contre ceux qui, sans droit et sans jugement, mettent en liberté les captifs de la loi; l'autre sur la police répressive des maisons de justice et de détention; la troisième, sur les communications des condamnés avec ceux qui ne partagent pas leur supplice.

Dépenses des maisons de détention.

Nous ne croyons pas aussi devoir attendre, ou le nouveau code pénal, ou la résolution générale qui vous sera présentée sur une meilleure organisation des prisons, quand le Directoire exécutif aura répondu à vos deux messages, pour demander le rapport d'une disposition trop étendue de la loi du 28 messidor an 4. Elle met, sans distinction et sans réserve, à la charge des départemens, les dépenses de tous les lieux de détention. J'admets qu'on leur fasse supporter celle des maisons où l'on retient les prévenus qui ne sont pas encore accusés, qui ne sont pas jugés encore. Mais, pour les condamnés! je n'ai pas besoin de vous dire quelle a été sur leur évasion l'influence de cette extension imprudente de la loi.

De la récidive des crimes soumis à une peine afflictive ou infamante

L'article du code pénal sur la récidive (1) m'a paru exiger aussi une réforme utile.

« Quiconque, dit-il, aura été repris de justice pour crime, s'il est convaincu d'avoir, postérieurement à la première condamnation, commis un second crime emportant l'une des peines des fers, de la réclusion dans la maison de force, de la gêne, de la détention, de la dégradation civique ou du carcan, sera condamné à la peine prononcée par la loi contre ledit crime; et après l'avoir subie, il sera transféré, pour le reste de sa vie, au lieu fixé pour la déportation des malfaiteurs ».

Il résulte de cette disposition que l'accroissement de la peine est dans la déportation. La déportation y est également prononcée pour le reste de la vie, et contre celui dont le premier crime avoit mérité les fers pour dix années, et contre celui dont il n'avoit mérité que deux années de détention. On peut faire une loi plus juste.

Signalement des condamnés.

J'ai regretté pareillement que le code pénal n'ait pas exigé que les tribunaux criminels plaçassent dans leurs jugemens le signalement des condamnés. Cette mesure ne présente

(1) Titre II, article premier.

aucun inconvénient ; elle peut offrir de grands avantages : le signalement devroit être envoyé, dans trois jours au plus tard, par le commissaire du pouvoir exécutif aux ministres de la justice et de la police générale, au commandant de la gendarmerie dans l'arrondissement duquel le tribunal seroit situé, aux autres tribunaux criminels de la République.

Exposition des condamnés.

Un changement non moins important, non moins desiré, doit s'appliquer à l'article du code pénal sur l'exposition des condamnés. Aujourd'hui, on les place en nombre sur un échafaud. A peine, y sont-ils foiblement attachés ; ils y sont assis, sans craindre même la plus légère souffrance : qu'en résulte-t-il ? Fortifiés dans leur audace par leur réunion même, ils s'électrisent mutuellement une scandaleuse impudicité de la honte et du crime. Les malheureux ! ils sont parvenus à dessécher même la pitié dans le cœur des témoins de leur supplice. Nous vous soumettrons à ce sujet quelques mesures nouvelles : sans ajouter à la peine, elles empêcheront du moins le coupable qui la subit, d'affronter insolemment la justice et la loi.

Mon rapport est terminé. Souffrez cependant, représentans du peuple, que je rassemble ici comme dans un faisceau les diverses lois dont la réunion produira, nous l'espérons, un effet heureux sur la tranquillité publique.

Loi sur sur la police intérieure et générale de la France ;

Loi sur la police particulière de Paris ;

Loi sur les maisons de jeux ;

Loi sur la mendicité ;

Loi sur les mesures à prendre à l'égard des accusés et condamnés qui révèlent leurs complices ;

Loi sur les prévarications des fonctionnaires publics;

Organisation des maisons de force, de gêne, de détention;

Organisation des travaux publics;

Exécution de l'article du code pénal sur la déportation;

Loi sur l'évasion des détenus et des condamnés;

Loi sur les brigands qui volent à force armée et en faisant usage de leurs armes envers ceux qu'ils dépouillent;

Loi sur le vagabondage;

Loi sur les insultes et les violences graves envers les personnes;

Loi sur divers genres de larcins;

Loi pour augmenter les peines actuellement prononcées par la police, soit ordinaire, soit correctionnelle;

Loi contre ceux qui refusent d'assister au procès-verbal d'un juge constatant l'existence d'un délit;

Loi sur l'élargissement arbitraire des individus légalement arrêtés;

Loi sur la police répressive des maisons de justice et de détention;

Loi sur les condamnés aux fers;

Loi sur les dépenses des maisons de détention pour les condamnés;

Loi sur la récidive des crimes soumis à une peine afflictive ou infamante;

Loi sur le signalement des condamnés;

Loi sur leur exposition publique.

Telles sont les mesures provisoires que vous pourriez adopter, en attendant le moment desiré où s'ouvrira sur l'état actuel de toutes nos lois pénales une délibération si grande par son objet, si importante par ses résultats. La discussion qui naîtra sur nos divers projets de résolution, achevera d'ailleurs de féconder et d'étendre les idées et les vues que votre commission vous présente. Jamais, représentans du peuple, nous n'eûmes un plus grand besoin de réunir tous nos efforts. La France ne se ressent que trop encore de l'ancienne domination du crime. Le temps, il est doux de l'espérer, le temps appuyé sur les lois et les moeurs amènera enfin un avenir plus heureux. L'empire des passions est actif et turbulent ; la marche de la raison est lente et tardive : un instant suffit au génie de la destructrion ; il faut de longues années pour réparer les maux dont il peupla la terre.

Voici les projets d'arrêté, de messages et de résolutions, que votre commission m'a chargé de vous soumettre.

ARRÊTÉ.

Le Conseil des Cinq-Cents arrête que les commissions chargées de lui présenter un rapport,

Sur la police intérieure de la République,

Sur la police particulière de Paris,

Sur la mendicité,

Sur les mesures à prendre à l'égard des accusés et condamnés qui révèlent leurs complices,

Sur les prévarications des fonctionnaires publics,

Feront incessamment leur rapport.

PREMIER MESSAGE

Sur les maisons de force et de détention.

Le Conseil des Cinq-Cents arrête qu'il sera fait un nouveau message au Directoire exécutif, pour lui demander une réponse prompte aux questions sur lesquelles il a déja été invité à fournir des renseignemens, par le message du 27 thermidor an 4, relativement aux maisons de force, de gêne, de détention, et au nombre de condamnés.

SECOND MESSAGE

Sur l'exécution de la loi relative à la police des communes.

Le Conseil des Cinq-Cents arrête qu'il sera fait un message au Directoire exécutif, pour l'inviter à lui rendre compte de l'exécution de la loi du 10 vendémiaire an 4, sur la police intérieure des communes de la République, et notamment du titre II de cette loi.

TROISIÈME MESSAGE

Rélatif aux travaux publics.

Le Conseil des Cinq-Cents arrête qu'il sera fait un message au Directoire exécutif, pour l'inviter à lui procurer, dans le plus court délai possible, tous les renseignemens nécessaires *sur les travaux forcés au profit de l'Etat*, auxquels les condamnés aux fers doivent être par-tout employés, en exécution de l'article VI du titre premier de la première partie du code pénal; et, en général, sur l'organisation des travaux publics pour tous les genres de condamnés.

QUATRIÈME MESSAGE

Relatif à la déportation.

Le Conseil des Cinq-Cents arrête que le Directoire exécutif sera invité, par un message, à lui présenter ses vues et ses observations sur la possibilité, le mode et les moyens de déterminer actuellement, d'une manière fixe et invariable, *le lieu où seront conduits les condamnés à la déportation*, conformément à l'article XXX du titre premier de la première partie du code pénal.

PREMIER PROJET DE RÉSOLUTION

Relativement aux individus caractérisés vagabonds et sans aveu par la loi du 10 vendémiaire an 4.

Le Conseil des Cinq-Cents, considérant

Qu'aucune peine n'a été déterminée contre les individus réputés vagabonds et sans aveu par les art. VI et VII du tit. III de la loi du 10 vendémiaire an 4;

Que l'article DV du code du 3 brumaire sur les délits et les peines ne concerne que les auteurs de rixes, attroupemens injurieux ou nocturnes, voies de fait et violences légères;

Que l'art. XXVIII du tit. II de la loi du 22 juillet 1791 ne s'applique qu'aux personnes comprises dans l'art. III du tit. Ier. de la même loi:

Après avoir entendu les trois lectures prescrites par la constitution, dont

La première a eu lieu le 26 pluviôse de l'an 5;

La seconde, le 6 ventôse;

La troisième, le ,

Et déclaré qu'il n'y a pas lieu à l'ajournement,

Résout,

ARTICLE PREMIER.

Les individus caractérisés vagabonds et sans aveu par les art. VI et VII du tit. III de la loi du 10 vendémiaire an 4 seront traduits devant les tribunaux de police correctionnelle et condamnés à un emprisonnement qui ne pourra excéder trois mois. La peine sera double en cas de récidive.

I I.

La présente résolution sera imprimée et portée au Conseil des Anciens par un Messager d'Etat.

SECOND PROJET DE RÉSOLUTION.

Insultes et violences graves envers les personnes.

Le Conseil des Cinq-Cents, considérant que les peines prononcées par les articles XIII et XIV du tit. II de la loi du 22 juillet 1791, relative à l'organisation de la police municiaple et de la police correctionnelle, contre les insultes et violences graves envers les personnes, sont insuffisantes pour réprimer ce genre de délits,

Après avoir entendu les trois lectures prescrites par la constitution, dont

La première a eu lieu le 25 pluviôse an 5;

La seconde, le 6 ventôse;

La troisième, le

Et déclaré qu'il n'y a pas lieu à l'ajournement,

Résout,

ARTICLE PREMIER.

Les violences et insultes graves envers les personnes ne sont pas punissables par la voie de la police correctionnelle. Les prévenus de ces délits seront jugés dans les formes et par les tribunaux établis pour la poursuite ordinaire des crimes.

I I.

Ceux qui, hors le cas de légitime défense et sans excuse

excuse suffisante, auroient blessé ou frappé des citoyens, seront punis par une année de détention.

III.

La peine sera de deux années, si les violences ont été commises,

Envers des femmes,

Envers des hommes âgés de soixante-dix ans et au-dessus,

Envers des enfans de seize ans et au-dessous,

Envers des individus qui auroient déposé comme témoins dans une affaire correctionnelle ou criminelle où le prévenu actuel auroit été impliqué,

Envers des citoyens qui y auroient été juges, jurés, ou officiers de police judiciaire;

Si elles l'ont été

Par un apprenti, élève ou compagnon, à l'égard de son maître;

Par un domestique à l'égard de l'homme auquel il est attaché par ses services;

S'il y a eu effusion de sang;

S'il est constaté par les attestations légales des gens de l'art que la personne maltraitée est, par l'effet des mauvais traitemens qu'elle a reçus, rendue incapable de vaquer pendant plus de quarante jours à aucun travail corporel, conformément à l'art. XXI de la première section du tit. II du code pénal.

IV.

Les articles XIII et XIV du titre II de la loi du 22 juillet 1791 sont rapportés en ce qu'ils ont de contraire à la présente résolution.

V.

La résolution sera imprimée; elle sera portée au Conseil des Anciens par un Messager d'État.

TROISIÈME PROJET DE RÉSOLUTION

Sur divers genres de larcins.

Le Conseil des Cinq-Cents, considérant

Que les articles XXXII, XXXIII et XXXIV de la loi sur la police correctionnelle renferment des dispositions insuffisantes pour réprimer les délits qui y sont mentionnés ;

Après avoir entendu les trois lectures prescrites par la constitution, dont

La première a eu lieu le 25 pluviôse de l'an 5,

La seconde, le 6 ventôse ;

La troisième, le

Et déclaré qu'il n'y a pas lieu à l'ajournement,

Résout :

ARTICLE PREMIER.

Les larcins faits avec adresse, et plus particulièrement connus sous le nom de filouteries, seront punis de deux années de détention.

II.

Le vol de deniers ou d'effets mobiliers appartenant à l'Etat, et dont la valeur sera au-dessous de 10 livres, sera puni d'une détention de deux années.

III.

Ceux qui par dol, ou à l'aide de faux noms ou de fausses entreprises, ou d'un crédit imaginaire, ou d'espérances et de craintes chimériques, auroient abusé de la crédulité de quelques personnes, et escroqué la totalité ou partie de leur fortune, seront punis de quatre années de fers ; sans préjudice des dommages et intérêts, et des restitutions, qui seront également ordonnés, s'il y a lieu.

I V.

La présente résolution sera imprimée, et portée au Conseil des Anciens par un messager d'État.

QUATRIÈME PROJET DE RÉSOLUTION

Relatif aux peines prononcées par la police ordinaire et par les tribunaux de police correctionnelle.

Le Conseil des Cinq-Cents, considérant

Que la foiblesse des amendes prononcées par la loi du 22 juillet 1791 et par celle du 3 brumaire an 4 est une des causes de la multiplicité des délits soumis à la police ordinaire et à la police correctionnelle ;

Après avoir entendu les trois lectures prescrites par la constitution, dont

La première a eu lieu le 25 pluviôse an 5,

La seconde, le 6 ventôse ;

La troisième, le

Et déclaré qu'il n'y a pas lieu à l'ajournement,

Résout :

ARTICLE PREMIER.

L'amende prononcée par la police ordinaire ne sera, dans aucun cas, moindre de 3 francs ; et elle pourra s'élever jusqu'à 10.

I I.

L'emprisonnement prononcé par la police ordinaire ne pourra être moindre de trois jours, et pourra aller jusqu'à dix.

III.

Les tribunaux de police correctionnelle ne pourront prononcer d'amende au-dessous de 10 francs, ni d'emprisonnement au-dessous de dix jours.

IV.

Si le tribunal de police correctionnelle pense d'ailleurs que le jugement doit être imprimé et affiché, l'impression et l'affiche seront faites aux dépens du condamné.

V.

La présente résolution sera imprimée, et portée au Conseil des Anciens par un messager d'Etat.

CINQUIÈME PROJET DE RÉSOLUTION,

Sur ceux qui refusent d'assister au procès-verbal du juge, pour constater l'existence du délit.

Le Conseil des Cinq-Cents, considérant

Que l'article CVII de la loi du 3 brumaire an 4 sur les délits et les peines autorise les juges-de-paix dressant un procès-verbal pour constater l'existence d'un délit commis, à défendre que *qui que ce soit, jusqu'à la clôture de procès-verbal, sorte de la maison, ou s'éloigne du lieu dans lequel il opère*;

Que, d'après le même article, le contrevenant à cette défense doit être saisi sur-le-champ et puni de la manière déterminée dans le livre des peines;

Que le livre des peines n'a cependant rien déterminé à cet égard, et qu'il est nécessaire d'y suppléer;

Après avoir entendu les trois lectures prescrites par la constitution, dont

La première a eu lieu le 25 pluviôse de l'an 5,
La seconde, le 6 ventôse,
La troisième, le
Et déclaré qu'il n'y a pas lieu à l'ajournement,
Résout :

ARTICLE PREMIER.

Le contrevenant à la défense de sortir ou de s'éloigner, faite par un juge-de-paix dressant un procès-verbal pour constater l'existence d'un délit, sera saisi sur-le-champ, conformément à l'article CVII de la loi du 3 brumaire an 4, et condamné par voie de police correctionnelle à un emprisonnement qui ne pourra excéder un mois.

II.

La présente résolution sera imprimée, et portée au Conseil des Anciens par un messager d'État.

SIXIÈME PROJET DE RÉSOLUTION.

Elargissement arbitraire des individus légalement arrêtés.

Le Conseil des Cinq-Cents, considérant

Que si les lois renferment les précautions les plus sages pour garantir le citoyen français des détentions arbitraires, elles ne renferment aucune disposition pour garantir la société de l'élargissement arbitraire des individus légalement arrêtés ;

Après avoir entendu les trois lectures prescrites par l'acte constitutionnel, dont

La première a eu lieu le 25 pluviôse de l'an 5,
La seconde, le 6 ventôse,
La troisième, le

Et déclaré qu'il n'y a pas lieu à l'ajournement, Résout :

ARTICLE PREMIER.

Aucun individu légalement arrêté, quel qu'il soit, ne peut être mis en liberté, sans une décision préalable et écrite, rendue dans les formes ordinaires par les officiers ou les juges devant lesquels il a été conduit, et qui devoient, d'après les lois, prononcer sur le délit dont il étoit prévenu.

II.

Quiconque sera convaincu d'avoir mis en liberté un détenu, sans la décision écrite exigée par l'article premier, sera condamné

A trois mois d'emprisonnement, si l'individu mis en liberté étoit prévenu d'un délit dont la poursuite appartient à la police ordinaire ;

A deux années d'emprisonnement, si l'individu mis en liberté étoit prévenu d'un délit dont la poursuite appartient à la police correctionnelle ;

A deux années de détention, si l'individu mis en liberté étoit prévenu d'un délit qui, d'après le code pénal, doit subir une peine afflictive ou infamante, non capitale ;

A deux années de fers, si l'individu mis en liberté étoit prévenu d'un délit contre lequel le code pénal prononce une peine capitale.

III.

Il n'est point dérogé, par les deux dernières dispositions de l'article précédent, aux dispositions du code pénal envers les complices des crimes. Le citoyen convaincu d'un élargissement arbitraire pourra y être condamné, s'il est prouvé que cet élargissement est l'effet d'une connivence criminelle.

I V.

La présente résolution sera imprimée, et portée au Conseil des Anciens par un messager d'Etat.

SEPTIÈME PROJET DE RÉSOLUTION.

Police répressive des maisons de justice et de détention.

Le Conseil des Cinq-Cents, considérant

Que la police répressive des maisons où sont enfermés les individus traduits devant le tribunal criminel pour y être jugés, et de celles où sont enfermés les condamnés, doit essentiellement appartenir à ce tribunal ;

Qu'il résulte du système contraire des abus et des dangers qui peuvent compromettre la sûreté publique ;

Après avoir entendu les trois lectures prescrites par l'acte constitutionnel,

Dont la première a eu lieu le 25 pluviôse de l'an 5,

La seconde, le 6 ventôse ;

La troisième, le

Et déclaré qu'il n'y a pas lieu à l'ajournement,

Résout :

ARTICLE PREMIER.

La police administrative des maisons d'arrêt, maisons de justice, maisons de force ou de détention, continuera d'appartenir aux administrations départementales et municipales, de la manière déterminée par les articles DLXXI, DLXXII, DLXXVII et DLXXVIII de la loi du 3 brumaire sur les délits et les peines.

I I.

Aucun détenu ne pourra néanmoins être transporté

hors de la prison où il est renfermé, même dans une hospice de santé, sans les autorisations préalables, écrites, signées et réunies du président du tribunal criminel, de l'accusateur public et du commissaire du Pouvoir exécutif auprès du tribunal du département.

III.

Ceux qui ordonneroient ou opéreroient leur transport sans l'autorisation exigée par l'article II, seront poursuivis et punis comme coupables de mise arbitraire en liberté.

IV.

La police répressive des maisons de justice et des maisons de force et de détention appartient au tribunal criminel. La troisième partie de l'article DLXXIX du code des délits et des peines est rapportée en ce qu'elle a de contraire à la présente disposition.

V.

La présente résolution sera imprimée, et envoyée au Conseil des anciens par un messager d'État.

HUITIÈME PROJET DE RÉSOLUTION,

Relatif aux condamnés aux fers.

Le Conseil des Cinq-Cents, considérant

Que la tranquillité et la sûreté publiques exigent quelques changemens dans la manière dont les condamnés aux fers sont traités et subissent leur peine:

Après avoir entendu les trois lectures prescrites par la Constitution,

Dont la première a eu lieu le 25 pluviôse de l'an cinquième,

La seconde le, 6 ventose;
La troisième, le
Et déclaré qu'il n'y a pas lieu à l'ajournement,
Résout :

ARTICLE PREMIER.

Les condamnés aux fers doivent, dès le moment de leur condamnation, avoir et traîner à l'un des pieds un boulet attaché avec une chaîne de fer, conformément à l'article VII du titre Ier du Code pénal.

II.

Ils ne seront jamais conduits hors de la maison de force où ils sont détenus, sans être liés de deux en deux par la même chaîne.

III.

Toute communication, tout entretien des condamnés avec d'autres que les compagnons de leur supplice ou les préposés à leur garde, sont interdits.

IV.

Les préposés à la garde des condamnés sont responsables de l'inexécution de l'article précédent. Ils en seront punis,

La première fois, par une amende égale à un mois de leur traitement annuel;

La seconde fois, par une amende égale à trois mois de ce traitement;

La troisième fois, par la même amende et par la destitution.

V.

Si des circonstances extraordinaires et impérieuses rendoient absolument indispensable la communication d'un condamné aux fers avec un de ses parens ou un autre citoyen quelconque, la demande en sera portée au tribunal criminel du département dans l'arrondissement duquel sera située la maison de force où est le condamné; le tribunal en délibérera; et s'il croit devoir l'accorder, son arrêté fixera le jour et l'heure de l'entretien, et le nom de la personne avec laquelle il aura été permis. L'entretien ne pourra avoir lieu qu'en présence des préposés à la garde des condamnés.

V I.

La présente résolution sera imprimée, et portée au Conseil des Anciens par un messager d'état.

NEUVIÈME PROJET DE RÉSOLUTION.

Dépenses des maisons de détention pour les condamnés.

Le Conseil des Cinq-Cents, considérant que les maisons de détention pour les condamnés exigent une surveillance plus active et plus universelle;

Que l'impuissance ou la difficulté pour quelques départemens de fournir aux frais qu'elles occasionnent, menaceroient l'ordre public des plus grands dangers;

Que ces maisons sont la garantie de la société toute entière:

Après avoir entendu les trois lectures prescrites par la Constitution,

Dont la première a eu lieu le 25 pluviôse de l'an cinquième;

La seconde, le 6 ventôse;

La troisième, le

Et déclaré qu'il n'y a pas lieu à l'ajournement,

Résout:

ARTICLE PREMIER.

Les prisons dans lesquelles sont enfermés les condamnés en vertu d'un jugement criminel sont à la charge de la nation, et leurs dépenses seront acquittées par le trésor public comme les autres dépenses mentionnées dans l'article Ier de la loi du 28 messidor de l'an 4.

II.

L'article II de ladite loi du 28 messidor est rapporté en ce qu'il a de contraire à la présente résolution.

III.

La présente résolution sera imprimée, et portée au Conseil des Anciens par un messager d'état.

DIXIEME PROJET DE RÉSOLUTION,

Sur la récidive des crimes soumis à une peine afflictive ou infamante.

Le Conseil des Cinq-Cents, considérant que le premier article du titre II du code pénal n'offre pas une proportion égale et juste des peines qui y sont exprimés, avec les délits qu'elles doivent réprimer :

Après avoir entendu les trois lecures prescrites par la Constitution, dont la première a eu lieu le 25 pluviôse de l'an cinquième ;

La secoude, le six ventôse ;

La troisième, le

Et déclaré qu'il n'y a pas lieu à l'ajournement,

Résout :

ARTICLE PREMIER.

La peine des fers sera toujours double, en cas de récidive, si elle avoit été de douze années ou au-dessous ; si la première condamnation a excédé douze années, le coupable de récidive sera puni par la déportation.

I I.

Le condamné à la gêne qui commettroit une seconde fois un crime soumis à la même peine, subira autant d'années de fers qu'il auroit dû en subir de gêne, d'après le code pénal.

I I I.

Le condamné à la détention qui se rendroit une seconde fois coupable d'un crime soumis à la même peine, subira autant d'années de gêne qu'il auroit dû en subir de détention, d'après le code pénal.

I V.

Le condamné à la gêne pour récidive d'un crime d'abord soumis à la détention, et le condamné aux fers pour récidive d'un crime d'abord soumis à la gêne, seront condamnés l'un et l'autre à la déportation dans le cas où après avoir fini le temps de l'expiation de leur crime, ils en commettroient un nouveau, soumis à une peine afflictive ou infamante par le code pénal.

V.

La présente résolution sera imprimée et portée, au Conseil des Anciens par un messager d'Etat.

ONZIÈME PROJET DE RÉSOLUTION,

Relatif au signalement des condamnés.

Le Conseil des Cinq-Cents, considérant que l'insertion du signalement des condamnés dans les jugemens des tribunaux criminels est un moyen de reconnoître plus aisément les prisonniers qui pourroient s'évader, et les individus qui, après avoir subi leur peine, seroient encore accusés pour un nouveau crime :

Après avoir entendu les trois lectures prescrites par la constitution, dont

La première a eu lieu le 25 pluviôse de l'an 5;

La seconde, le 6 ventôse;

La troisième, le

Et déclaré qu'il n'y a pas lieu à l'ajournement,

Résout :

ARTICLE PREMIER.

Tout jugement portant condamnation à une peine afflictive ou infamante portera le signalement du condamné.

II.

Il sera envoyé, dans trois jours au plus tard, par le commissaire du pouvoir exécutif, aux ministres de la justice et de la police générale, au commandant de la gendarmerie nationale de la division dans l'arrondissement de laquelle sera situé le tribunal qui aura jugé, et à tous les tribunaux criminels de la République.

III.

La présente résolution sera imprimée et envoyée au Conseil des Anciens par un messager d'État.

DOUZIÈME PROJET DE RÉSOLUTION,

Relatif à l'exposition des condamnés.

Le Conseil des Cinq-Cents, considérant que la manière dont se fait aujourd'hui l'exposition des condamnés ne remplit pas l'objet et l'intention de la loi :

Après avoir entendu les trois lectures prescites par la Constitution,

Dont la première a eu lieu le 25 pluviôse de l'an cinquième ;

La seconde, le six ventôse ;

La troisième, le

Et déclaré qu'il n'y a pas lieu à l'ajournement,

Résout :

ARTICLE PREMIER.

L'article 28 de la loi du 6 octobre 1791 est rapporté.

II.

Quiconque aura été condamné aux fers, à la réclusion, à la gêne, à la détention, sera, avant de subir cette peine, préalablement attaché à un poteau sur la place publique du lieu où le tribunal criminel tient ses séances.

III.

Il y demeurera seul, debout, la tête et les jambes nues, le front et le visage découverts, les mains liées, le cou retenu par un collier de fer, ayant sur la poitrine un écriteau en très-gros caractères imprimés, contenant son nom, sa profession, son domicile, et le délit pour lequel il aura été condamné.

I V.

L'exposition durera deux heures, si la peine prononcée est celle des fers, de la reclusion ou de la gêne; et une heure, si c'est la détention.

V.

La présente résolution sera imprimée, et portée au Conseil des Anciens par un messager d'État.

DE L'IMPRIMERIE NATIONALE.
Ventôse, an 5.

www.ingramcontent.com/pod-product-compliance
Ingram Content Group UK Ltd.
Pitfield, Milton Keynes, MK11 3LW, UK
UKHW020956220726
13924UKWH00002B/723

9 782019 302153